1

LOS MANTRAS Y CODIGOS SAGRADOS DE ZADKIEL QUE CAMBIARÁN TU VIDA

Segunda edición

ALBERTO LAJAS

Los Mantras y codigos Sagrados de Zadkiel que cambiarán tu vida, 2ª edición revisada para papel. Bilbao, España, Octubre de 2016

Original de José A. Lajas Antunez

www.albertolajastuterapeutadeconfianza.mozello.es

www.centrolajasinternacional.wordpress.com

www.lajasinstitute.wordpress.com

albertolajas@gmail.com

Dedicado...

A los buscadores de la luz y la verdad. A mis Guías de luz, por regalarme los códigos sagrados y darme amor, en especial a mi amado Zadkiel, responsable de la trasmutación maravillosa que ocurrió en mi vida y que hizo que fuera el ser que soy y por sanar a miles de personas con sus códigos maravillosos. Gracias. Te amo.

NOTA IMPORTANTE

El autor no insta a nadie a dejar sus tratamientos médicos. Cualquier persona que deje sus tratamiento medico será solo por decisión propia, y no teniendo responsabilidad alguna, legal ni moral en esta decisión este autor.

INDICE

PROLOGO A LA SEGUNDA EDICION

Ya han pasado casi dos años desde que este libro salió a la luz, y para mi grata sorpresa, son mas de nueve mil personas, quizás mas, de todos los países, México, Argentina, Venezuela, Chile, Estados Unidos, Portugal, Colombia, estro otros, así como de mi país, España, los que se han descargado este libro. Y son cientos y cientos los mensajes que no he cesado de recibir, mensajes llenos de agradecimiento, contándome como Zadkiel les ha transformado, y como este libro, y sobre todo los códigos que recibí del amoroso Zadkiel han obrado milagros en ellos.

Hoy tengo el placer en esta segunda edición de anunciar que ademas de en ebook, este libro aparecerá también en versión papel, ya que los cientos de amigos que ya tienen la primera edición solo en ebook me han rogado que saque una versión en papel, ya que consideran que un libro tan maravilloso como este merece la pena tenerlo en papel, ya que, me comentan, que aun que es muy practico el ebook, sin duda la magia del papel no puede sustituirlo, y ademas el libro de papel se puede tocar, y regalar a otros, y que mejor regalo que el único libro que posee los códigos sagrados sanadores y transmutadores de Zadkiel.

Ademas, en esta segunda edición hay algunas sorpresas, como nuevos códigos que Zadkiel me ha dado recientemente, y que se podrán utilizar para muchas dolencias, y ademas Zadkiel te dará un mensaje, el cual sabrás solo pensando un numero del uno al siete.

Si, Zadkiel trae en esta nueva edición siete mensajes, y uno es para ti, y quizás sea lo que estabas esperando, y de seguro te sorprenderá.

Te dejo ya con esta segunda edición de uno de los libros, que de seguro volverán a romper todas las predicciones en ventas, y espero que también esta vez sea en papel, ya que, insisto, un libro así debes tenerlo en papel.

Te deseo feliz y bendecida lectura. Desde mi lugar de paz, te envío mi amor y la energía violeta de Zadkiel, para que te ayude a hacer los cambios necesarios y por fin, suceda la maravillosa transmutación que te haga pasar de gusanito a maravillosa mariposa, y que alces tus alas a la luz y la sabiduría.

Namaste. Alberto Lajas, (Arhayudath)

CAPITULO 1- LA ENERGIA UNIVERSAL.

Querido lector, si algo no debes olvidar jamas es que todo, TODO, es energía. Dios, El Alfa y Omega, utilizó su energía vital o Espíritu Santo, para crear todo lo que ves y lo que no ves. Esa energía, Qui, Ki o Chi, es una energía de amor, de Dios. Por ello cuando trabajes con tu energía jamas deberás olvidar esta máxima, que todo lo que hagas, **TODO**, debe tener el impulso de la energía del amor.

Si, el amor es una palabra mal entendida y mal interpretada en nuestros días, la cual se usa aveces para interés o fines egoístas.

De las muchas descripciones que he escuchado sobre el amor, y la que creo mas se acerca a la idea que deseo transmitirte, es la que dió el apóstol San Pablo, citada en la carta a los Corintios 13:1 :

" Aunque yo hablara todas las lenguas de los hombres y de los ángeles, si no tengo amor, soy como una campana que resuena o un platillo que retiñe. Aunque tuviera el don de la profecía y conociera todos los misterios y toda la ciencia, aunque tuviera toda la fe, una fe capaz de trasladar montañas, si no tengo amor, no soy nada.

Aunque repartiera todos mis bienes para alimentar a los pobres y entregara mi cuerpo a las llamas, si no tengo amor, no me sirve para nada. El amor es paciente, es servicial; el amor no es envidioso, no hace alarde, no se envanece, no procede con bajeza, no busca su propio interés, no se irrita, no tiene en cuenta el mal recibido, no se alegra de la injusticia, sino que se regocija con la verdad. El amor todo lo disculpa, todo lo cree, todo lo espera, todo lo soporta. El amor no pasará jamás. Las profecías acabarán, el don de lenguas terminará, la ciencia desaparecerá...pero el amor jamás fallará, porque todo lo puede..."

Así, querido amigo, si has podido entender la importancia, fuerza y dones del amor, puedes seguir adelante con este libro. Si no ha sido así, te invito a que releas tantas veces sea necesario las palabras de San Pablo, porque, créeme, detrás de ellas está la verdad de lo que realmente este libro desea transmitirte.

Hablaremos en profundidad de la energía, esta herramienta que debes conocer bien, ya que es con ella, en forma de mantras, códigos sagrados u otras formas que vas a trabajar...Ya que, ¿como puedes trabajar con una herramienta que no conozcas?. ¿ Te imaginas trabajar con una sierra, taladro, o maquina industrial que no conozcas bien su uso?...

LA ENERGIA VITAL O KI

El " Qui", o "Ki", pronunciado en Occidente como "Chi", es un principio activo que forma parte de todo ser vivo y que se podría traducir como "flujo vital de energía".

El término está extendido también en otros países de extremo Oriente como Corea, Japón y otros. Es similar a conceptos occidentales como *energeia*, magnetismo animal, élan vital o energía vital (vitalismo), prana, etc...

De acuerdo a la medicina tradicional china, el *"Qui"* es una energía que fluye continuamente por la naturaleza, y la interrupción de su libre flujo en el cuerpo es la base de los trastornos físicos y psicológicos.

Los practicantes de ciertas disciplinas afirman que el ser humano puede controlar y utilizar esta energía, a través de diversas técnicas, acrecentándola, acumulándola y distribuyéndola por todo el cuerpo o usarla en forma concentrada, como en el Kung-Fu, y otras artes marciales.

Otros afirman poder curar cierto número de enfermedades y otros efectos liberando el libre flujo del *Qui* por el cuerpo humano. Éste es el caso de terapias naturales como el magnetismo curativo, *reiki*, la acupuntura, la digitopuntura, y de algunas disciplinas como el Taichi.

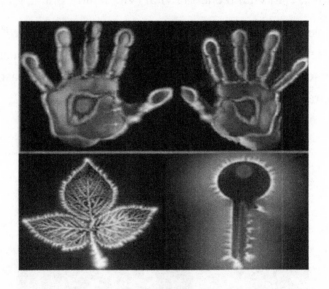

-FOTOS REALIZADAS CON CAMARA KIRLIAN-

La ciencia oficial no admite el concepto de *Qui* como un fenómeno real desde el momento que no resulta medible con ningún dispositivo y sus efectos pueden ser explicados como sugestión, pero lo cierto es que la ciencia o medicina cuántica ya está empezando a dar fundamentos a esto, con ayudas como la cámara Kirlian, capaz de fotografiar nuestra energía o aura.

La controversia en torno al *Qui* está relacionada con la explicación de su operatividad como resultado de la intervención de ésta energía como un fluido inmaterial. Algunos maestros de *el Taichi* proclaman que pueden detectar y manipular de forma directa el *Qui,* e incluso operar con el mismo a distancia.

Hay una corriente de maestros   tradicionales que consideran que el Qui puede ser visto como un proceso biológico, y su efectividad puede ser explicada en términos familiares para la medicina occidental. Sin embargo, ningún estudio ha demostrado la existencia de esta energía.

En la mayoría de los sistemas espirituales y terapéuticos orientales se incluyen métodos de atención a la respiración o algunas técnicas de respiración. La herramienta principal para el conocimiento del *Qui* es la respiración. En japonés, dada la tendencia polisémica de este idioma, el *Qui* se traduce aveces como *energía, presencia, voluntad, salud* o *respiración*. En el yoga hindú, la palabra sánscrita prana tiene el mismo significado, queriendo decir *energía, respiración, sabiduría*. En algunos contextos, la palabra japonesa *ki* se traduce directamente por respiración.

A través de la meditación en la respiración o de técnicas de respiración, se afirma que se puede desarrollar la energía natural de la persona y armonizar su personalidad y metabolismo. En el caso de que esta persona llegue a un punto de enojo máximo, el Qui puede explotar dentro del cuerpo de tal manera que el humano obtenga gran flexibilidad y velocidad.

Algunos maestros de zen afirman que la respiración es la respiración del cosmos, ya que todos los elementos de la naturaleza son una pieza del todo, y la realidad se expresa en procesos de opuestos que alternan (día/noche, invierno/verano, movimiento/quietud...), lo que se conoce como Yīn-yáng. En meditación, la respiración se considera un vínculo entre el pensamiento, las emociones, el instinto y los estados físicos, y, al igual que en la ciencia occidental, una expresión del estado de ánimo.

SENTIR TU ENERGIA

Querido lector, quizás estés inquieto, diciéndote que ya es momento de saber sobre los mantras y códigos que cambiarán tu vida. Pero no deseo engañarte, es mas, este libro **solo desea decirte la verdad**. Y la verdad es que ni los códigos ni los mantras funcionaran si tu energía no fluye de forma adecuada por tus chakras, por tu hogar o negocio.

Pero antes de seguir adelante, es vital que ahora, en este mismo momento que estás leyendo este libro, sientas tu propia energía. Una vez que la sientas, de que seas consciente de que ella está fluyendo en ti y la puedas tocar, podrás trabajar con ella, y con las demás herramientas de una forma mas consciente.

Para sentir tu energía, lo primero que debes hacer es buscar una asana, una postura cómoda, mejor en el suelo, con la espalda recta y ropa cómoda. Enciende una vela blanca o de cualquier color, pero que no sea negra. Enciende una barrita de incienso y muevela por toda la habitación y después por todo tu cuerpo y ponla en su tabla de sujeción. Ahora cierra los ojos, y con una mano tapa uno de los orificios de tu nariz, y coge mucho aire por el, y expúlsalo lentamente por la boca. Hazlo diez veces. Ahora repite lo mismo con el orificio contrario. Quédate en paz unos minutos, con la mente en blanco.

Pasados unos minutos, levanta tus manos, estira los dedos, y juntalas, como si fueras a rezar.

Estira bien los brazos con las manos bien pegadas. Ahora, empieza a separarlas, lenta,muy lentamente. Para, y vuelve a juntarlas, pero repito, muy lentamente, casi sin moverlas. Separa, junta, separa, junta, así hasta que sientas un calor, calambre, peso, o pelota pesada. Eso, querido amigo, **es tu energía**. Esa energía, el ki, la misma que Dios sopló en Adán, será la que vas a utilizar para cambiar tu vida, mas adelante, con ayuda de los mantras y códigos sagrados. Pero antes, como dije, debes equilibrar tus chakras.

EQUILIBRADO DE CHAKRAS

Para que tu energía fluya de forma maravillosa y con fluidez, y para trabajar sanando a otros con Reiki u otras técnicas similares, así como para estar sano, mental y emocionalmente, todos los días debes ponerte la meta de tener en linea tus siete chakras principales.

Vamos a conocer primero, cada chakra y que órganos y emociones regula. Cuando tengas una emoción negativa, o un órgano concreto no funcione adecuadamente, sabrás que es causado por el desequilibrio del chakra que le corresponde, y que deberás alinear, ya que de seguir así, podrías desequilibrar los demás chakras y crear un gran bloqueo interno que podría traer enfermedad y problemas a todos los niveles.

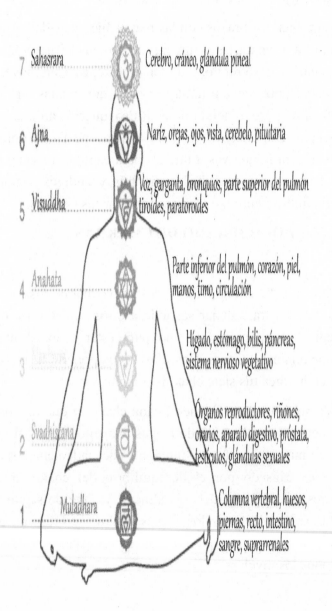

7 Sahasrara .... Cerebro, cráneo, glándula pineal

6 Ajna .... Nariz, orejas, ojos, vista, cerebelo, pituitaria

5 Visuddha .... Voz, garganta, bronquios, parte superior del pulmón
tiroides, paratoroides

4 Anahata .... Parte inferior del pulmón, corazón, piel,
manos, timo, circulación

3 .... Hígado, estómago, bilis, páncreas,
sistema nervioso vegetativo

2 Svadhistana .... Órganos reproductores, riñones,
ovarios, aparato digestivo, próstata,
testículos, glándulas sexuales

1 Muladhara .... Columna vertebral, huesos,
piernas, recto, intestino,
sangre, suprarrenales

28

LOS SIETE CHAKRAS

Primer chakra: Asociado con el color rojo y con el elemento tierra, este centro energético es el de nuestro sustento y nuestra supervivencia. Está ubicado en la base de la columna vertebral y se puede decir que es nuestra raíz, aquello que nos da arraigo física y emocionalmente. Es la energía que nos provee la sensación de tener las necesidades básicas satisfechas, del cuidado del cuerpo y la estabilidad material y seguridad emocional primordiales En el cuerpo, es el chakra que se relaciona con el intestino, las piernas, los pies y la base de la columna.

Segundo chakra: El segundo chakra vibra en color naranja y es el chakra que nos permite abrirnos al fluir de la vida. Su elemento es el agua. En el cuerpo, está relacionado con las caderas y los genitales, los órganos reproductivos, los riñones y la vejiga.

Un equilibrio de Svadisthana se representa en sensibilidad y la receptividad. Constituye una apertura hacia las experiencias de la vida, hacia el asombro permanente, hacia la magia de aquello que se tiene alrededor, la aceptación del cambio y el disfrute de las experiencias sensoriales. Por esto, se concibe como el chakra de la sensualidad y de las emociones vividas de una manera sana y gratificante.

Tercer chakra: Este chakra está asociado con el color amarillo y está ubicado en el plexo solar. Sus funciones se relacionan con el sistema digestivo y simbólicamente, con el fuego interior de cada uno. Su elemento es el fuego. El tercer chakra tiene que ver con el poder personal. Se refleja en asumir la propia vida, en la capacidad de acción y autoafirmación ante el mundo. Es el centro energético relacionado con la confianza en uno mismo. Esta pulsión nos ayuda en la toma de decisiones y el enfrentarse a los riesgos, a establecer límites y necesidades ante nosotros mismos y los demás, y nos da voluntad de logro. Tiene que ver con los principios sobre los que decidimos vivir.

Cuarto chakra: El chakra del corazón actúa como un punto de conexión y equilibrio entre el mundo físico, al cual pertenecen los tres primeros chakras y la dimensión espiritual, al cual están ligados los tres siguientes, siendo el chakra del centro, el cuarto. Su elemento es el aire y está relacionado con las vías respiratorias. Está localizado en el corazón y abarca la parte superior del pecho. De color verde o rosado, nos empodera y revitaliza con la fuerza del amor: la compasión, la unión con todo lo que se manifiesta en el mundo como energía divina, la armonía, el amor de pareja y de familia, la amistad, el amor hacia nosotros y la conexión con la existencia.

Quinto chakra: El primer chakra de nuestro ser trascendente está relacionado con la purificación, que nos ayuda a encontrar nuestro camino hacia la conciencia, y con la voz de nuestro espíritu. El quinto chakra tiene una vibración azul turquesa y su elemento es el éter. Está ubicado en la garganta, y en el cuerpo se relaciona con el cuello, la garganta, la mandíbula y los dientes. Es el centro energético de la creatividad y la comunicación, por lo que es la energía que se activa con la escritura, el canto, el expresarse con claridad y saber escuchar. También se asocia con el sonido y con el poder sanador de las vibraciones, de donde se origina la energía de todo lo que se manifiesta.

Sexto chakra: Ajna chakra es de color índigo y su elemento es la luz. Este chakra está localizado en aquel punto que en la tradición india se define como el "tercer ojo", en la frente, justo entre nuestros dos ojos, aquel que se define como el contacto con otros niveles de conciencia. Físicamente su energía se conecta con la vista, la cabeza, y sus cualidades afectan la memoria y la capacidad de concentración. La fuerza del ajna es la intuición, nuestra capacidad de conectarnos con el espíritu y la sabiduría universal. Propios de esta rueda energética son la imaginación, la creación artística, los sueños y el poder de las visualizaciones.

Séptimo chakra: Este es el chakra de la conciencia pura. Por lo general se asocia con el color violeta, aunque su energía es también de color blanco: la más alta vibración y aquella que abarca todos los colores existentes. Está ubicado en la corona, y representa la espiritualidad. Su elemento es el pensamiento, por lo que contiene el poder de la mente: las energías vibracionales que permean las otras fuerzas vitales y crean las experiencias. En el cuerpo, su vibración se manifiesta en los huesos y la piel. Este es el chakra que nos conecta con el infinito, con el sentido de la vida y la devoción y que por esta razón se representa como una flor de loto de cien pétalos. El séptimo chakra nos sintoniza con la divinidad y la gracia de nuestro ser verdadero.

EQULIBRAR LOS CHAKRAS CON LOS MANTRAS

Bien amigo lector, ya llegamos a el punto en el que debes trabajar ya con los mantras, y en este caso para equilibrar tus siete chakras. Es cierto que los chakras se pueden alinear con ayuda de cristales o cuarzos de colores, cartulinas, con Reiki, etc, pero el método que me enseñaron mis maestros y que llevo practicando a diario desde hace muchos años es el equilibrado con los mantras. Si lo deseas, no habrá problema que puedas utilizar la ayuda de las piedras o cuarzos y los mantras, si así lo sientes.

Para empezar, debes estar tumbado o sentado en una asana cómoda, y con tus dedos formando un mudra o posición adecuada para que fluya la energía. Con los ojos cerrados, y cogiendo mucho aire por la nariz y a la vez que lo expulsas recitaras el mantra del primer chakra, **LAM**, el cual deberás pronunciar tal que así: Laaaaaaaammm. Harás fuerza en la ultima **eme**, hasta que ya no tengas aire, momento en el cual cogerás mas aire por la nariz y repetirás el mismo mantra, tantas veces como sientas que debes hacerlo. Solo tu Divinidad sabrá cuando ya está alineado ese chakra y cuando deberás dejar de pronunciar el mantra.

Así, repetirás lo mismo para los siguientes chakras. MAM, para el segundo chakra, RAM para el tercer chakra, **IAM** para el cuarto chakra, **JAM** para el quinto chakra, **OM** para el sexto y aunque hay corrientes de maestros que dicen que para el séptimo chakra, el corona, no existe mantra y que se carga en silencio, lo cierto es que mis maestros me enseñaron que se debe cargar con el mantra **AUM**. A la vez que vas pronunciando el mantra, visualiza el chakra y color correspondiente.

Bien, una vez cargados y alineados los siete chakras, tu energía, querido lector, fluye en armonía, y tu salud física y energética es ideal. Es en este momento que puedes y debes trabajar, cuando llegue el momento, con otros mantras poderosos y códigos sagrados concretos. Pero de momento deseo que entiendas que es vital antes de nada , el enseñarte otro maravilloso método para que fluya tu energía de forma maravillosa, el Taichi.

EL TAICHI

Practicar Taichi, amigo lector, no solo es un método milenario para alcanzar la paz y el equilibrio interno, sino, como dije, uno de los mejores métodos, junto con el uso de los mantras, para lograr que la energía vital o Ki fluya divinamente por todo nuestro ser.

Aunque por supuesto lo puedes practicar en cualquier lado, sin duda el lugar mas idóneo es la naturaleza, y sobre todo en lugares donde la energía vibra con mas fuerza, como al lado del mar, de una cascada o catarata de agua, en lo alto de una montaña, etc, ya que ademas al practicarlo, entrarás en "**comunión**" con la "Pachamama", la madre natura de la que somos parte. Para empezar a practicar Taichi hay unos pasos elementales que debes conocer:

Primero: Separa tus pies al ancho de tus hombros, y después:

•Coloca tu mano en tu abdomen inferior, alrededor de 5 centímetros (2 pulgadas) debajo de tu ombligo. Empuja suavemente.

•Inhala y exhala lentamente por tu nariz (con tus labios ligeramente juntos) por esta parte de tu abdomen. Si no puedes sentir que se mueve esta área, empuja un poco más con tu mano.

Segundo: Una vez que te acostumbres a esta respiración, comienza a relajar cada parte de tu cuerpo, una por una. Comienza con tus pies y sigue así hasta tu cuero cabelludo. Si quieres, ve hasta las partes más pequeñas de tu cuerpo (incluso debajo de tus uñas). Descubrirás que estabas reteniendo tensión sin darte cuenta.

Si comienzas a balancearte, no te preocupes, ¡realmente es algo bueno! Significa que te estás relajando y que tu cuerpo no está tensado al equilibrio. Si eso pasa, considera reajustar ligeramente tus pies o mover tu concentración a tu equilibrio para recuperarlo otra vez.

Tercero: Uno de los conceptos del tai chi es "echar raíces". Es un concepto fácil de entender: imagina que crecen raíces debajo de tus pies. Eres parte del suelo, nunca pierdes el equilibrio, concéntrate en estar centrado. Tus extremidades se balancean como ramas en el viento, sin dudar jamás por el miedo o la aprensión. Estás enraizado. Esto no significa que tú o tus piernas estén rígidas, de hecho es lo contrario. Solo imagina que tienes raíces debajo de ti, que son una parte de ti y te permiten moverte libremente, porque no te puedes caer y siempre serás parte del mundo natural.

Cuarto: En el tai chi hay algunas formas de posiciones que puedes tomar. Generalmente cada estilo favorece a una forma específica. Aquí hay un resumen de los conceptos básicos:

•"Estilo estructura pequeña". En este estilo, (generalmente las versiones Wu o Hao), los movimientos no son muy extensos. Los movimientos son más pequeños y hay menos extensión en general. Se enfoca en la energía integral correcta para formar movimientos y transiciones correctas.

•"Estilo estructura grande". Este estilo, (generalmente Chen y Yang), involucra posiciones altas y bajas, posturas más dramáticas y brazos oscilantes. Enfatiza la posición correcta del cuerpo y la alineación para desarrollar la energía.

•Hay un estilo de estructura media, pero realmente es algo intermedio.

Para terminar con el tema del Taichi, decirte que aunque los consejos de arriba te ayudarán, sin duda siempre debes dejarte llevar por lo que tu ser Divino te diga. Todo es, relativo, y no hay normas ni verdades absolutas en nada. Por ello, en este libro, como en todos los demás que tengo publicados, mi norma, mi máxima, es y será, **hacer aquello que sientas que debes hacer**...

FENG SHUI, EL QUILIBRIO DE TU CASA

Querido amigo, antes de terminar este capitulo sobre la energía, no podía hacerlo sin dejarte claro que aunque consigas con los mantras y el Taichi que la energía fluya con armonía por tu ser, si tu hogar o negocio está desordenado, sucio, lleno de cosas inservibles, etc, de nada servirá tu trabajo diario con el equilibrado de los chakras. El Feng Shui es el arte de colocar tu hogar con elementos y formas tales que hagan que el Ki fluya de forma equilibrada, sin que se produzcan nudos. Conozco decenas de casos de pacientes que me contaban que en su casa siempre discutían con su pareja, o no podían dormir, o que sentían estados de nerviosismo, miedo o ansiedad, etc. Cuando les dije que empezaran por tirar todas las cosas que no servían para nada, que limpiaran en profundidad su casa, que pintaran las paredes con colores armoniosos y que pusieran plantas y peces, fuentes de agua en movimiento, y otros elementos del Feng Shui, me manifestaban que estaban asombrados de los cambios milagrosos que habían ocurrido en sus vidas.

Así, es querido lector, debes conocer las reglas básicas de el Feng Shui para que haya cambios en tu vida. Vamos allá.

LOS CINCO ELEMENTOS EN TU CASA

Según las reglas del feng-shui es importante que estén presente en un mismo espacio los cinco elementos: **el fuego,** (con un objeto triangular o de color rojo), **la tierra** (con un objeto rectangular y la presencia de colores tierra); **el metal** (redondo, blanco y luminoso), **el agua,** (formas onduladas y negro), y **la madera,** (rectangular vertical y verde y azul). Un objeto que posee estos cinco elementos, y ayudará a armonizar la energía, es un tiesto pintado de color rojo (fuego), lleno de tierra (tierra) con una planta (madera) que tenga flores de color blanco que sean redondas (metal). Conviene dibujar en el tiesto una cenefa ondulada (agua).

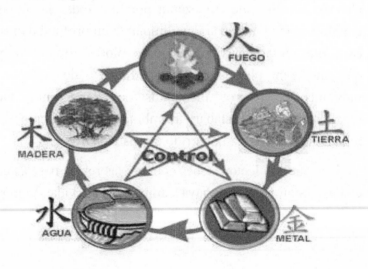

EL ORDEN ES VITAL

Fundamental es la limpieza, pero sobre todo y urgente **el deshacerse de aquello que no utilizamos,** (muebles, objetos, ropa), para que no se acumule y estanque la energía. Tirar lo viejo para dar espacio a lo nuevo, **regenera el feng-shui.** La renovación de la casa debe ser constante como ocurre en la vida. Es bueno que los muebles respeten una jerarquía para que la energía fluya armónicamente. En la parte de atrás de la habitación conviene colocar un mueble grande que ofrezca estabilidad (la tortuga), a la izquierda de la habitación debe situarse "el dragón", que puede estar representado por un sillón, una mesa o cualquier otro objeto siempre y cuando sea más bajo que "la tortuga". A la derecha de "la tortuga" se sitúa "el tigre" , un taburete u otro objeto que sea más bajo que "el dragón". Delante se recomienda que quede un espacio bien abierto.

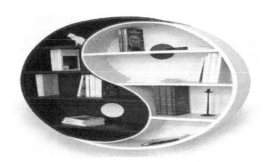

EL RECIBIDOR DE TU CASA

El recibidor es el que permite la entrada de "chi" por lo tanto ésta no debe bloquearse con la presencia de un mueble, pared o armario. La puerta no debe tener problemas para abrirse, así llegarán a nosotros nuevas oportunidades. El primer objeto que vemos al llegar a casa conviene que despierte buenas sensaciones a través de colores brillantes, fotografías entrañables, plantas, flores... La luz también contribuye a una buena energía, mientras que la oscuridad en un recibidor propicia la negatividad.

LOS MOVILES O VARILLAS DE SONIDO

Estas varillas o móviles que suenan al abrir la puerta frenan el paso del chi para que éste no se escape rápidamente, algo muy recomendable si hay cerca una ventana. Otra solución es colocar una cortina un poco gruesa. Tampoco son idóneas las columnas cuadradas que apuntan a la puerta con sus esquinas en forma de flecha cortando el flujo de energía.

LA COCINA EN SINTONIA

Para el feng-shui la cocina es determinante para la salud y la prosperidad de los habitantes de la casa. En ella se debe cuidar el flujo de energía utilizando y limpiando todos los fogones, sea cual sea la medida. Una tapa de aluminio sobre la superficie de éstos duplica la fuerza del fuego y con ello la fortuna del hogar.

Es crucial el orden y, si los fogones y el agua están demasiado cerca, conviene una encimera de madera, una planta o algún objeto de color verde, (trapos, instrumentos de cocina, flores secas...), para compensarlo. Y sobre todo es vital que la basura esté oculta, y preservada, es decir, que cada día hay que tirarla...

DORMIR, DESCANSAR ADECUADAMENTE

Para poder dormir y descansar de forma profunda y adecuada, evita los espejos y las plantas en el dormitorio. Tampoco son aconsejables los colores negro y rojo, mejor los colores pastel y de tonos claros que tienen efectos más relajantes. Busca un cabezal para la cama -es la estabilidad de la pareja- y coloca objetos que formen parejas para cuidar la vida de la pareja o encontrar una pareja (dos mesitas de noche, dos lámparas iguales, dos figuras iguales, etc) .

Conviene que la cama se coloque de forma que permita ver quien entra habitación.

CONSEJOS GENERALES DE FENG SHUI

En el feng-shui el agua es símbolo de riqueza así que cualquier grifo que gotea debe repararse. Plantas, luz y toallas de colores en el baño aumentarán la energía del cuarto de baño. Para favorecer el inicio de un nuevo romance coloca un cuarzo rosado o una vela rosa en un candelabro de cristal y enciéndela como mínimo una vez a la semana. En caso de una ruptura amorosa, es importante revisar las fotos de la persona amada, cartas, libros, vídeos y desprenderse de ellos. En los problemas de dinero los fogones requieren la máxima atención: limpieza ante todo y todos deben ser utilizados por igual.

Todas las puertas tienen que abrir y cerrar perfectamente, se debe cuidar la luz para sea abundante en la cocina, el comedor y los cuartos de baño. También es importante que haya como máximo tres ventanas por cada puerta y no más. De lo contrario se escapa la prosperidad. Si esto ocurre son necesarias unas cortinas gruesas. Para superar una crisis ayudará ordenar los armarios y modificar la decoración. El pasado debe apartarse y con ellos objetos que nos lo recuerdan, mientras que lo nuevo se impone con elementos como una agenda nueva, un mueble nuevo… Así nos abriremos al futuro.

CAPITULO 2- CONECTA CON TU DIVINIDAD

El fin real de este libro, y que espero conseguir, es el de que descubras de forma clara y transparente quien eres. Tu ego trata desde tu mas tierna infancia hacerte creer grandes mentiras, eso si, con tanto fundamento que hasta pueden ser para ti verdades de peso. Tu ego quiere hacerte olvidar que **realmente eres un espíritu, un ser Divino** que viene de vivir varias vidas, y que estas aquí para acabar tu aprendizaje y por fin ascender a el cielo con el Padre.

Tu ego te recuerda todo el tiempo **sus verdades**, como, "solo creo lo que veo", " la vida es dura, y hay que disfrutarla al máximo", " solo hay un Dios, el dinero", " el amor no existe, solo existe el egoísmo"...y una larguísima colección de ese estilo.

Si, amigo mio, ya se que según estás leyendo estas lineas **te estás descolocando por completo**, ya que tu ser Divino se está conmoviendo al leer la verdad. Si, estamos ya en un momento en el que todos los que llevamos años reconociendo lo que somos, a pesar de que **los egos** de los que nos rodean nos insulten y nos llamen "lunáticos".

Los códigos sagrados, de los que hablaré mas adelante, se están empezando a recibir, a canalizar, desde hace pocos años, y los estamos recibiendo todos aquellos, que como digo, por fin hemos vencido al ego y **"lo hemos mandado a paseo".**

Hablando de canalizar, debo recordarte que el Padre, el TODO, desde que te fuiste de su lado, (temporalmente), jamas, nunca dejó de comunicarse contigo, dejó una canal o un medio para estar en contacto contigo todo el tiempo. Canalizar significa **estar en la onda o vibración de la luz.** Cuando solo estás preocupado como pagar el alquiler, o por lo mal que te trata tu jefe, por tu cuerpo, o cosas banales similares, **no es posible que puedas canalizar** con la luz, solo puedes canalizar con tu ego, el cual se encargará todo el tiempo de que no asciendas, que no vuelvas a la luz, que mueras con la carne.

Cuando empieces a ser consciente de que tu espíritu, tu ser Divino va a querer salir a la luz, vas a notar algunos síntomas claros, como necesidad de leer libros de auto-ayuda y espiritualidad, buscar personas que trabajen con la luz, y querer entender cosas que antes jamas te habías planteado. Te recuerdo que al hacerlo, una y otra vez tu archi-enemigo, **ego,** tratará de convencerte que las cosas relativas a la luz son cosas de locos, de iluminados, de personas que tienen pocas luces, o de gente fanática religiosa.

Los que hemos vencido al ego hemos pasado momentos malos, de soledad, de confusión, de dolor, de rechazo de amigos y familia, pero una vez que esa rendija de luz se va haciendo mas y mas clara, y la lucidez entra en ti, y ves la verdad, llega un momento que te da igual lo que los demás opinen.

Amigo mio, debe llegar el día y el momento en el que seas consciente de que **eres un ser divino,**(perdona que me repita), y que Dios te envió hace años a la tierra **con una misión**, y cuando sepas realmente cual es tu misión, entonces empezaras a saber **lo que es la felicidad en toda su profundidad.**

El que hoy vayas a recibir códigos sagrados no es mas que otro de los muchos regalos que Dios te dió, y de los muchos mas que recibirás. Los códigos sagrados son la forma amorosa que tiene el TODO de ayudarte por fin a terminar tu carrera por la tierra con éxito.

Los códigos sagrados son un lenguaje puro y aunque extraño, pero claro para los que lo utilizan: los seres de luz, maestros ascendidos, ángeles y Arcángeles para hablar entre si.

Ellos vendrán a ti nada mas acabes de pronunciar sus códigos, igualmente que tu descuelgas tu teléfono cuando alguien marca tu numero, y de seguro que si a la primera no lo descuelgas, si esa persona insiste una y otra vez, y marca tu numero varias veces, tu acabarás descolgando.

Algo similar ocurre con los códigos sagrados, cuando los repites con fe, fuerza e insistencia, los seres que están conectados a ese código acabarán respondiendo de forma positiva a tu petición, en algunos casos de forma inmediata.

En este punto del libro te estoy escuchando amigo lector que me estas preguntando, ¿ y como puedo hablar con mi Divinidad?. Pues la respuesta no es sencilla, ya que no hay un método concreto y que digamos que es el idóneo para lograrlo. Pero como ayuda te diré que previamente a que puedas hablar con tu ser Divino, lo primero que debes hacer es ser consciente de que debes a diario "borrar" todo el discurso que tu ego empezará a darte en cuanto se entere de lo que vas a hacer. El te dirá cosas como: ¿hablar con tu Divinidad?...¡¡estas loco, yo soy tu Divinidad!!... Quizás también te diga: " paparruchadas, no hay nada mas que te pueda hacer feliz que llegues a lo mas alto en la vida, que seas reconocido..."

Para lograr poder tener por fin tu primera conversación con tu ser puro, con tu yo real, tendrás una lucha terrible, que hasta puede que conlleve dolor y sufrimiento, ya que tratar de llevar la contraria al ego y a sus ideas solidas y lapidarias, **es un reto.**

Deberás quitar miedos, prejuicios, ideas preconcebidas, y abrir tu corazón a todo, incluido a lo que no conozcas o entiendas.

Una vez que hayas pasado esa fase inicial, métodos como la regresión, la meditación, el Reiki, entre otros muchos, podrán ayudarte a lograr conseguir esa meta, de comunicarte con tu Divinidad.

Una vez que hayas tenido tu primera conversación con tu yo Divino, al tener por fin abierto el "canal de la luz y la verdad", verás como recibes mensajes, códigos y mucho mas de tus ángeles y seres de luz, que te recuerdo están aquí para ayudarte a acabar este camino, tu misión en la tierra. Pero, quizás te estés preguntando ¿y porque decir códigos, y no hacer una simple oración?. De esto y mucho mas hablaremos en el próximo capitulo.

¡Tú! Eres un ser maravilloso.

CAPITULO 3- LOS CODIGOS SAGRADOS

Los códigos sagrados de Zadkiel, por decirlo así, son un medio maravilloso, aunque aun no lo entendamos bien, que tienen Dios y sus ayudantes, los Ángeles, Arcángeles y otros seres de luz, de poder comunicar con nosotros. Son llaves especiales que abren dimensiones, y que como los símbolos del reiki al nombrarlos, escribirlos o pensarlos, ya mandan mensajes especiales para que Zadkiel y sus ayudantes actúen con la energía y medios necesarios para ayudarnos.

¿COMO SABER MIS CODIGOS?

Aunque quizás no seas aun muy consciente de ello, tu has recibido o recibes regularmente códigos procedentes de tus guías. Es posible te haya ocurrido que durante días te venga a la mente todo el tiempo un numero, es mas, incluso te haya pasado que vayas por la calle y veas matriculas de coches varias veces con ese numero, o que ese numero aparezca de repente en el cine, en un anuncio de la tele, en un libro...

Una paciente mía, Luisa R. S., vino a mi consulta preocupada porque no paraba de ver por todos los lados el numero 777, y que aunque no sabia el que, pero sentía que algo la querían decir. La dije a Luisa que repitiera 45 veces todos los días el numero en voz alta, con los ojos cerrados y en plena relajación. Al séptimo día me llamó por teléfono, feliz y eufórica, diciéndome que acababa de recordar la misión que un Ángel la dió, **cuando ella contaba con solo siete años**, y ahora que sabia esa misión, entendía otras situaciones que la habían pasado en su vida.

Cuando un numero o frase aparezca varias veces en tu vida, es indicativo de que **es un código sagrado que tus guías desean darte para que utilices.**

Al utilizar tus códigos personales o los de Zaskiel, quizás tengas sueños o inspiraciones que te harán entender cosas, situaciones, tener revelaciones...Sea como sea, cuando recibimos de forma insistente un código, es indicativo que detrás de ese código hay un mensaje Divino o urgente, o quizás la respuesta a peticiones que hayamos hecho de forma insistente a un problema concreto. Pero, ¿como se utilizan los códigos personales o sagrados de Zadkiel?.

COMO UTLILIZAR LOS CODIGOS

Mas adelante te voy a proponer un plan de treinta y tres días, (33), que incluirá el utilizar a la vez mantras, códigos sagrados, meditación y depuración con sirope de savia de Arce, pero antes de llegar a ese punto te indicaré la fórmula para utilizar los códigos sagrados.

Antes de nada, decirte que es vital que hayas realizado todos mis consejos de los capítulos anteriores de equilibrar tus chakras, hacer Taichi, tener tu casa o lugar especial limpio y con una energía adecuada. Una vez que estés sentado, con una vela encendida y con incienso, en una asana cómoda, con tus dedos haciendo un mudra adecuado, con los ojos cerrados repetirás cuarenta y cinco veces, (45) el código sagrado.

CONSEJOS GENERALES

1.Los Códigos deben repetirse 45 veces cada vez, porque este es un número de manifestación.

2.Pueden decirse tal cual o deletrearse, funcionarán igual. O si se prefiere se pueden escribir 45 veces en un papel o varios papeles y ponerlos en varios sitios, para que el efecto sea mas inmediato o localizado.

3. Se pueden repetir cuantas veces al día gusten, tampoco hay ninguna norma.   .

4. El número de días que los hagan depende de cada caso, solo uno sabe cuantos días deben hacerlo, generalmente se hacen hasta que se manifieste lo que estamos pidiendo, pero mi consejo es que los hagas al menos 33 días, al igual que los mantras.

5. Pueden hacerse a cualquier hora y en cualquier lugar, aunque yo recomiendo hacerlo en tu sitio especial, con velas e incienso.

6. Ayuda mucho un collar o una cuerda con 45 bolitas o nudos, o poner en un cuenco 45 garbanzos, lentejas, o similar.

7.Puedes usar varios códigos de Zadkiel a la vez, tantos como sientas que debes de utilizar.

LOS CODIGOS SAGRADOS DE ZADKIEL

Para mi es un orgullo, un privilegio el poder decir públicamente, y ya a estas alturas, sin ningún miedo, que el Arcángel Zadkiel el responsable de la llama purificadora y transmutadora violeta, en varias canalizaciones, **me ha regalado varios códigos alfabéticos**. Pero al hacerlo no ha pensado en mi, ya que yo solo soy un medio, una herramienta. No, ha pensado en los cientos, miles, quizás millones de personas que iban a tener este libro en sus manos. Y aunque te dije antes que puedes utilizar los códigos que he ofrecido arriba, o los tuyos propios, en esta ocasión te invito encarecidamente a que ademas puedas utilizar alguno de los que mas abajo Zadkiel te mostrará.

Zadkiel entiende que la humanidad de hoy vive con una serie de problemas y necesidades concretas que por tanto hacen necesidad de unos códigos concretos, en este caso alfabéticos.

Los códigos alfabéticos los repetirás cuarenta y cinco veces (45), cada frase, o si lo prefieres puedes deletrearla, como sientas que debes hacerlo..

Zadkiel espera y confía también que estos códigos alfabéticos lleguen a toda persona que sufra, ya que son sumamente poderosos. Te dejo con el mensaje de Zadkiel.

Te ruego la máxima atención y respeto, porque ésta es una ocasión que quizás jamas se vuelva a repetir y que Dios, el TODO, han preparado con amor para ti...

Una vez mas, y para que quede total claridad de que yo jamas invito a dejar tratamientos médicos, medicación o dejar la medicina por utilizar los códigos, cosa que ademas de ilegal seria algo imprudente, ya que los códigos son ayudante, no sustituyen a la medicina. Gracias.

MENSAJE DE ZADKIEL

Eme yo aquí ante ti, amado, Zadkiel, siervo de Dios. Es mi menester y fervor el poder dirigir las expresiones que hoy en mi copa Santa traigo, que a la vez, en verdad te digo, son las que en ella mi Señor derramó bendiciones, para que tu bebas y sacies la sed de la verdad. Es amor y a la vez clamor lo que en este Santo liquido vibra. Amado, amada, debes saber que nada es porque si, todo ocurre por voluntad de el creador de la llama violeta,del TODO, que hoy traigo en mis manos, la cual hoy, mas que nunca, tiene gran ardor y tamaño, y que con ella vengo, si así tu corazón lo dispone, a purificarte y trasmutarte. Te pido, a ti y a tu ser Divino, que cerréis los ojos, y que dejéis que derrame esta llama en vuestro ser, para que así las ciénagas de lo malo y lo oscuro ardan y se transmuten en energía de amor y verdad. Si así deseas que lo haga, antes de cerrar tus ojos, clama: Si, lo deseo... Ahora solo estad en paz sintiéndome.

Has sido purificado y transmutado por la **Bendita y Santa llama violeta**, y por tanto hoy eres bendito a los ojos de Dios. Amen...

Amado mio, amada mía, deseo darte una ultima ofrenda bendita de Dios, para ti y tu descendencia, y las tribus de tu descendencia. Hoy te doy maná santo en forma de palabras que no son mas que expresiones del Dios vivo, y que encierran la fuerza y energía de su amor, y que van cargadas de su Santo Espíritu. Utiliza estas palabras de forma Santa y adecuada, y te digo hoy, que en verdad tu vida brillará y resonará al son de la verdad.

Para terminar, hijo, hija, hoy te regalo mi sello y mi código sagrado alfabético. Imprime el sello de abajo, lo plastificas, y llévalo cerca de ti. Cuando desees llamarme para que te ayude a limpiarte, a perdonarte, a dejar lo viejo,. A empezar de nuevo como el Ave Fénix, a sanar heridas, solo mira fijamente mi sello y repite cuarenta y cinco veces mi código **ZADKIEA**, y mi energía violeta irá a ti, en tu ayuda de inmediato.

Así sea. Amen. Zadkiel, esclavo de Dios.

SELLO DE ZADKIEL

LOS CODIGOS ALFABETICOS DE ZADKIEL

Querido lector, espero y confío que hayas podido sentir las maravillosas y amorosas palabras de Zadkiel, e igualmente confío que su llama violeta haya podido ser derramada con éxito en tu corazón. Ahora paso a regalarte la lista de códigos alfabéticos que Zadkiel me dió, los cuales deseo que puedas meditar antes de ser utilizados.

Para el amor:	Merssitseas
Para el trabajo:	Ubberson
Para enfermedad física:	Wassnni
Para temas de dinero:	Omrrom
Para la depresión:	Sot sot sot
Para la tristeza:	Ikusus Neots
Para el duelo por la muerte de alguien:	Ammos
Para la envidia:	Prettis Innu
Para la rabia:	Ummos Ios
Para saber tu misión :	Abeas tuss
Para recordar tus vidas:	Alle Alrons Ub
Para el mal, demonios, conjuros:	Inmuns Santuseu

Para tener fe:	Escarteusmius
Para superar un trauma:	Lim Os Re
Para hallar la paz:	Tersus Goru
Para ganar juicios:	Zar Zar
Para encontrar tu alma gemela:	Morus Exusloe
Para perdonarte:	Eus Bunare Li
Para que salga la verdad:	Portess Innuss
Para que te dejen de perseguir:	Yertasannimm
Para saber que código Sagrado usar:	**SEN MES SET**

NUEVOS CODIGOS DE ZADKIEL

Como te prometí, aquí están los nuevos códigos de Zadkiel, para ayudarte en casi todas las dolencias, y que deberás recitar cuarenta y cinco veces, durante al menos un mes, o hasta que sanes. Podrás comprobar que algunos códigos alfabéticos van acompañados de números, los cuales también tendrás que recitar. Si lo deseas también puedes escribir el o los códigos que necesites, y poner el papel en la zona dolorida como quince minutos al día, o varias veces, o todo el tiempo, según sientas. Recuerda que si no mejoras es tu responsabilidad de acudir al medico o especialista.

LISTADO DE CODIGOS PARA DOLENCIAS

ACELERAR PROCESO DE SANACIÓN EN TODOS
LOS NIVELES: RIHISNIT 777 3

ACNE:	OPS
A.C.V. (Accidente Cerebro Vascular):	EINK
ADENOIDES:	RATH
ADICCION COMIDAS	BERT
ALCOHOLISMO:	ÑAUTS
ALERGIAS:	DUETS
ALERGIAS AL POLVO:	EXIS
ALERGIAS AL HUMO:	LOOM
ALZHEIMER:	MUUNS
AMIGDALITIS:	JAAN
AMENORREA:	DOORS
ANEMIA:	VUSS
ANSIEDAD:	AMM
ANGUSTIA:	GRAMM
ANEURISMA:	QUINS
ANOREXIA:	LIISS
APETITO EXCESIVO:	OCUSS
ARTRITIS:	WINERS
ARTROSIS:	TESUR
ASMA:	LUNN
ASTIGMATISMO:	PHOSPUR
AUMENTO DE LA LIBIDO:	GUIRS

AUTOESTIMA:	IFSSS
AUTISMO:	EUR
BRONQUIOS:	INKS
BRUXISMOS:	POOSS
BULIMIA:	YUR
BULLING:	EXPA
CALCULOS RENALES:	CESS
CALAMBRES:	ÑOS
CALVICE:	OORS
CATARATAS:	BIBIR
CATARRO Y TOS:	ZERS
CANCER:	XIXS
CANCER DE COLON:	UXS
CANCER EN LOS HUESOS:	AXS
CANCER DE VEJIGA:	IXS
CANDIDIASIS:	RAMS
CASPA:	CINZS
CAVERNOMAS:	VEUM
CELULITIS:	ALETHS
CIATICA:	BULSIMS
CIRCULACIÓN:	GRUTSS
CIRROSIS HEPATICA	RAUR
CISTITIS:	HITSEM
CRIPTORQUIDIA:	UU7345 OPP
CRISIS DE ANGUSTIA:	SEKS
CRISIS PSICOTICA:	UUURRR
CRISIS NERVIOSA:	BEOPSIS
COLESTEROL:	KLAUT
COLITIS:	MASSS

COLON IRRITABLE:	IUMUM
COMERSE LAS UÑAS:	WAWSS
CONJUNTIVITIS:	JUSS
CONTRACTURAS:	GERUMS
COLESTEREOL Y TRIGLICERIDOS:	IÑU
COLICOS MESTRUALES:	OPP
DEFICIT DE ATENCION INFANTIL:	DERR
DEPRESION :	AH
DERRAME CEREBRAL:	SYS
DESHIDROSIS:	IUIU
DESPIGMENTACION DE LA PIEL:	AU
DIABETES :	CEE
DIARREA:	IO
DIENTES:	POU
DIENTES EN ADULTOS:	EWE
DISMENORREA:	SEE
DISTROFIA DE FUCHS:	XSES
DIVERTICULITIS:	ZO
DOLORES:	TIU
DOLOR DE CABEZA:	LO
DOLO MESTRUAL:	NUIR
DOLOR VISUAL:	OOT
DROGADICCION :	BREES
EFECTO SECUNDARIO DE LA MEDICINA:	EXS
ENCIAS:	PO 900
ENFERMEDADES CONTAGIOSAS:	FA 6722

ENFERMEDAD CRONICA:	YUBERS
ENFERMEDADES MENTALES:	HARMONS
ENFERMEDADES TRASMISION SEXUAL:	ZEESS
ENFRIAMEINETO, ESCALOFRIOS:	DEER
ENFISEMA PULMONAR :	BIIP
ENVENENAMIENTO:	JUGT
EMBARAZO (Lograr o quedar embarazada):	GUHU
EPIDEMIA:	HURE
EPILEPSIA:	ÑONN
ESQUIZOFRENIA:	CAHA
EQULIBRIO:	IHI
ESCLERODEMIA :	FREM
ESGUINCES:	MUM
ESTRABISMO:	SDERR
ESTRESS:	HAHA
ESTREÑIMIENTO:	FULD
ESOFAGO:	PIÑAAM
ÉXITO EN LA CIRUGIA	OPPSSS
FALTA DE APETITO:	GEER
FIEBRE TIFOIDEA:	PIMM
FIBROMAS:	YUM
FIBROMIALGIA:	KUMMI
FIBROSIS PULMONAR:	LIUMET
FOBIAS:	SAAARRRTS
PROBLEMAS DE FONETICA EN NIÑOS:	IUUUKKS
FORTALECER TEJIDOS DEBILES:	JUUGG

FORUNCULOS:	ABEC
FRACTURA DE CRANEO:	SISS
FRACTURAS QUE NO SUELDAN:	AGAHB
FUMAR (para dejar de fumar) :	MISSUT
GANGLIOS:	CERTUUMS
GASTRISTIS:	ASU OMIO
GASES:	YU ION
GLANDULAS SECRECION INTERNA:	UMA POP
GLAUCOMA :	RAS KI
GRIPE:	ZAHA GREE
GOTA:	VUU PREES
HALITOSIS:	EES YUU IN
HEMORRAGIAS:	REE MUI
HEMORAGIAS CEREBRALES:	SEAS HUU
HEMORROIDES:	NI JUI KIK OOM
HERNIA INGINAL:	TRE YO LO
HERNIAS DISCALES :	UHF YER
HERNIAS CERVICALES:	UHF INK
HEPATITIS:	XE TREN
HERPES:	GRAM UN
HIRSUTISMO IDEOPATICO:	CUU IONS
HIPERMETROPIA:	OOS MIOH
HIPERTENSION ARTERIAL PULMONAR:	PIN REE
HIPOGONADISMO:	SWET TO
HONGOS :	NUI PAN

INCONTINENCIA FECAL:	CEPOASI
INFARTO CEREBRAL:	MUM MUN
INFECCIONES:	SUO AR YHE
INFECCIONES URINARIAS:	OOP IUM EH
INFERTILIDAD:	SHE UHM
INFLUENZA:	XIUX UX
CUALQUIER ENFERMEDAD:	ABCDEFG7
INSEGURIDAD:	RUJ UIM
INSOMNIO:	CUZ UPS ÑI
INSUFICIENCIA CARDIACA :	SAAM UI
JUANETES:	UIO PIERT
LUPUS:	PIÑUM
LLAGAS DENTRO DE LA BOCA :	DEER TUU
MANCHAS EN LA PIEL :	TUUM IUO
MAREOS:	SUI FREE
MEMORIA :	WEE WEW
MENOPAUSIA :	FUM IX IU
MIGRAÑA:	ZAAM JA
MIOPIA:	OPP REO PU
NEUMONIA :	UU IO AE
NEURALGIA:	UYRR 9123 098
NEUROLOGICOS / SISTEMA NERVIOSO:	HUT NIO
NEUROSIS ABANDONO:	ES TUIR O
NODULOS EN EL HIGADO:	FRY IOPK
NODULOS EN EL PULMON:	ZAERD

NORMALIZACION DE LA BILIRUUBINA: TIU VE

OBESIDAD: GYU KIO

OSTOEPENIA: NHI JHI I

OSTEOPOROSIS :   GRAA UIMM

OSTEOARTROSIS DEGENERATIVA: ADUIL IOP

PARASITOS :   EXS GUMK

PARANOIA: OOM UUM

PARKINSON: MOOO IIUU

PARALISIS CEREBRAR INFANTIL: REE FRUI AH

PERDIDA DE MEMORIA: CAAR MIOGSS

PERSONAS QUE NO SUBEN DE PESO: POUM HUIS

PERSONAS CON CANCER: 7AOM7U7

PESADILLAS: GUKK UK A

PIE DE ATLETA: ALPHA UIM U

PIOJOS: GEMART YUIO

POLIPOS: DAD FEE DAD

PRESBICIA: IIO IP JUIOM

PRESION ALTA :   SERUIO BREG

PRESION BAJA: XES YRT YUI HE

PREVENIR EL ALZAHEIMER: ASERTT YTERT

PREVENCION DEL CANCER :   OMEGA ALPHA 7

PROBLEMAS DE PESO CORPORAL: GUESS VE

PROBLEMAS CIRCULATORIOS: VIU UIO IO PI

PROBLEMAS RESPIRATORIOS: BU REE

PROLACTINA: HUO LI

QUEMADURAS: SAAN MILOP

QUEMADURA DE OJO: SERITE VASE

RADIACIONES NOCIVAS: ALOPH ALAP

RADIESTESIA (obtener respuestas acertadas):TETRA11

RECUPERAR EL OLFATO: TUIO KILI

REFLUJO GASTRICO: BRET JUIIO P

RESTAURAR EL A.D.N. :   7 HUI 8 HUIO

RETINITIS PIGMENTOSA: UYER SAK LO

RETINOPATIA DIABETICA: TERER SAZZEM

REUMATISMO: ERT YUIISS 3

RINITIS: UMM KIUM

RONQUIDOS: LAAPES 5

SABAÑONES: UIOD GEE

SALUD: SAAS GUH

SANACION CELULAR: 777 GLO

SANACION CELULAR A DISTANCIA: RAPH SA

SEBORREA: FUR 678 M

SEXUALIDAD: IUOPP TEE GRY

SINDROME DE SJOGREN: ALPHA 177

SINDROME DE ALINEACION PARENTAL: 7TETRA7

SINDROME DE STEINER: HUU 77 OP85MI

SIDA: 777 JUUM AT

SINUSITIS: KIL999 2

SISTEMA INMUNE: ALS GRUU90

SORDERA: DUIE TAA 5

SUBCONSCIENTE (calmar el):   MAAMM 856

SUEÑO PROFUNDO Y REPARADOR: QIU UWA79
TABAQUISMO: AOS HAP 12
TENDINITIS: ERTYUIO 174
TENDINOSIS CRONICA (hombros):   ERTOK GERK
TERIGION(Carnosidades en los ojos):   ASERTYY 4099
TARTAMUDOS: AZSERII 12702 11
TICS NERVIOSO :   YHAV ESS 2
TIMIDEZ: 76890 34 TREWE
TOS: ROOM 84
TRASPLANTE RIÑONES: ADDERYU 876
TRASTORNO BIPOLAR: EUIOP HEEER 10061
TRASTORNO DE PANICO: AALM 89895
TRASTORNO PSIQUICO: SEEEMMM 5555
TRIGLICERIDOS: FERT UIOX ER 259
TROMBOSIS: AQUI IUOPM 75222
TUBERCULOSIS: UZAERT YWER 618
TUMOR BULBO RAQUIDIO :   ILMA RUIOAX 17899
ULCERAS ESTOMACALES :   QUERERE ERT 334788
V.P.H. (Virus del Papiloma Humano):   ZAS RUUI 72000
VERGUENZA (inconsciente):   DERASS ZIUKM65
VERTIGO: 456788 YTEY
VERRUGAS: 5567655 UBB
VIRUS DEL EBOLA: REEETT YUIU 692319
VITALIDAD: JUUIUMM TUYIIKS
VITILIGO: 6781234 TROMA
VOMITOS: 66785 UUJS

ZONAS DEL CUERPO HINCHADO: YOAS 4445

ZUMBIDOS: EEERTT 889

ALBERTO LAJAS,(ARHAYUDAT): AAARRR 777333

SIETE MENSAJES DE ZADKIEL PARA TI

Cierra los ojos, coge mucho aire por la nariz, y expúlsalo lentamente por la boca varias veces, hasta que estés en paz. Ahora piensa en un numero del uno al siete. Una vez que veas tu numero, mira abajo el mensaje que Zadkiel tiene para ti:

1: Cambios, mudarse, nuevo, empezar, adaptarse. Amado, amada, vienen cambios, y si no vienen es que los estas necesitando. Cuando tu no te mueves, el Universo te mueve.

2: Niños, embarazo, engendrar, nacimientos. Algo en tu interior, sea físico o simbólico está a punto de salir. Niño interior, sacar la realidad, lo de dentro es visible.

3:Prospero, material, oro, joyas, laboral. Cambios en tu prosperidad se avecinan, pero recuerda que el dinero es un medio, no es la felicidad.

4:Tantra, sexo, amor, almas gemelas. Llega el amor, la pasión, tu alma gemela, sentir, abrazar, besos de el alma. Pero recuerda que para amar a alguien antes debes amarte a ti mismo. El amor todo lo puede.

5:Movimiento, cambios, viajes, mudar, gente nueva. Vas a viajar, a conocer nuevas tierras, o nuevo país, nuevas gentes. Recuerda que allí don de estés serás lo que desees ser.

6: Salud, alimentos, régimen, estar bien. Recuerda que la salud empieza por tus emociones, por estar bien contigo mismo y tu entorno. Cuida la dieta, come vegetales y frutas, y toma mas agua. Ejercicio, yoga, meditación.

7:Energía, Ángeles, intuición, sentir, poder. Reconoce ya que res un ser espiritual, con dones, poderes de sanación, y cumple tu misión. Tus guías principales llevan tiempo deseando comunicar contigo, escúchales.

CAPITULO 4- EL PODER DE LOS MANTRAS

Querido lector, seguimos con la siguiente herramienta, los mantras, los cuales en el siguiente capitulo, " mi plan de 33 días", deberás utilizar junto a los códigos sagrados".

Antes de darte la lista de los mantras mas poderosos, pasaré a explicar que son los mantras.

Por describirlo de una forma rápida y entendible, diré que son sílabas o grupos de sílabas sin un significado o definición literal o específico y a veces son palabras en Sánscrito. La palabra mantra proviene del sánscrito y quiere decir **liberar la mente** (man:*mente*; tra:*liberar*).

Los mantras contienen vibraciones muy altas que se repiten un determinado número de veces con un propósito específico, y por la frecuencia que producen, tienen el **poder de enfocar la mente y <u>motivar cambios</u>**.

A medida que repetimos y nos concentramos en un mantra, nuestra mente no tiene espacio ni tiempo para otros pensamientos y así logramos relajarnos y meditar más profundamente. Algunos mantras fueron creados como invocaciones a dioses hindús o a seres superiores y contienen energía creadora.

Según la metafísica hindú todo está hecho de sonido, y cada cosa contiene una representación simbólica de las pautas de energía que la componen; eso es el sonido "semilla" o raíz, bija mantra. La intención de estos mantras es la de poner a la persona que lo pronuncia en resonancia con el objeto cuyo sonido raíz ha invocado. De esta forma, mediante enl conocimiento de los bija mantras se obtiene un dominio sobre la esencia de las cosas, permitiendo crear, destruir o alterar de diversas maneras. Por ejemplo, cada chakra tiene su sonido raíz asociado, que según se dice, contiene toda su esencia, y por consiguiente todos los secretos del chakra.

Teniendo en cuenta que cada chakra guarda correspondencia con su elemento, resulta que los sonidos raíz proporcionan acceso a las cualidades de tal elemento:

Tierra: Mulhadara: LAM
Agua:Swadhisthana: VAM
Fuego: Manipura: RAM
Aire: Anahata: YAM
Éter: Vishuda: HAM
Ajna: OM
Sahasrara: N (nasal)

OM, UN MANTRA UNIVERSAL Y PODEROSO

Algunas palabras sagradas o mágicas tienen el poder de crear barreras contra la negatividad. Aunque cada uno puede elegir las suyas,(paz, amor, libertad, luz, ilusión, alegría, felicidad), lo cierto es que hay una que es como un talismán de oro, es la silaba OM. Tiene tanta energía buena en si misma que es infalible para aumentar la energía positiva emocional, mental, espiritual haciendo vibrar la voz, tanto si es sonora, como si es interiorizada, nos lleva a un maravilloso estado de meditación, perdida de control o de falta de objetivos, el OM ayuda a serenarse. Por ello querido lector, al margen del mantra que mas adelante elijas, te invito a que todo el tiempo utilices el mantra OM, ya que es el símbolo del TODO, el mantra mas poderoso y profundo.

LISTADO DE LOS MANTRAS MAS PODEROSOS

Querido amigo, ahora pasaré a enumerar una selección de los que yo considero que son los dieciséis mantras mas poderosos, pero esto no quita para que quizás tu puedas encontrar otros mas concretos.

1. **GAYATRI**. Mantra para la realización del Ser y la Iluminación.

2. **OM NAMO BHAGAVATE VASUDEVAYA** .Para la prosperidad, la paz, y el bienestar.

3.**OM NAMAH SHIVAYA**.Mantra general para mejorar y resolver cualquier situación.

4. **OM SRI RAMAYA NAMAHA**. Mantra para conseguir la gracia de lo divino en tus propósitos.

5.**OM SHRI MAHA LAKSHMIYE NAMAHA**. Mantra para el dinero y la prosperidad.

6. **OM SHRI DURGAYA NAMAHA,** Mantra para la protección y para todos los problemas económicos, físiscos y mentales.

7. **OM SHRI MAHA GANAPATAYE NAMAHA,**
Mantra para quitar todos los obstáculos del camino.

8. **OM AIM SARASUATIYE NAMAHA**. Mantra para la memoria, el conocimiento, los estudios, y para conseguir tener el poder del discurso.

9. **OM KALIIM KRISNAYA NAMAHA**. Resuelve todos los problemas de aquel que lo repite.

10.- **TRIMANTRA**. Poderosísimo mantra recibido de lo divino por Dadashri que reúne los tres principales mantras de las tres principales tradiciones ancestrales de la India,. Su poder está más allá de toda comprensión,. Remueve obstáculos de todo tipo y consigue los deseos de aquellos que lo recitan allanando el camino para su cumplimiento:

NAMO ARIJANTANAN
NAMO SIDANAM
NAMO ARAYIYANAM
NAMO UWUAZAYANAM
NAMO LOYE SAWA SAJUNAM
ESO PANCHA NAMU KARO
SAWA PAWAPANASHANO
MANGALANAM CHA SAWESIM
PADAMAM JAVAI MANGALAM

OM NAMO VASUDEVAYA
OM NAMAH SHIVAYA
JAI SAT CHIT ANAND.

11. OM SAI SRI SAI JAYA JAYA SAI. Mantra de un guru de la India llamado Sai Baba de Shirdi,(no confundirlo con Sai Baba de Putaparti). Sai Baba de Shirdi es un ejemplo único de iluminación que ha pasado a la historia universal de la evolución humana.

12. OM PRABU SHANTI . Para practicar este mantra de otro maestro hindú: Prabhuji Mastram, que recientemente murió. Para su recitación encender una vela y decir continuamente el mantra mirando a la vela. Muchas personas han tenido resultados con este mantra.

Decir en voz alta el deseo claramente antes y después de la práctica. Para casos más difíciles decir el mantra con la vela durante una hora tres días seguidos. El significado de este mantra es:"Oh dios dame paz"

13. **MANTRA "AH"** de Siva Baba. Según otro guru que en la actualidad vive en India existe una poderosa técnica con un mantra raíz extremadamente fácil de hacer para todo los que estén ocupados y no tengan tiempo de muchos preparativos.

En esta recitación uno centra su atención en la zona de los órganos genitales y comienza a decir continuamente el mantra "ah" imaginándose que con ello uno sube la energía desde esta zona hasta la zona situada entre las cejas o entre-ojo. Una vez llevada la atención al entre-cejo, visualizar con alegría aquello que quieres manifestar en tu vida y hazlo nacer ahí mismo en el entrecejo como algo absolutamente real. Siente mientras continuas recitando "ah" la alegría de haberlo manifestado.

15. **MANTRA DE LA UNIDAD.** Según sabios hindúes todos estamos incluidos dentro de una misma familia por lo que cuando deseamos lo mejor a los demás y estos a nosotros reforzamos la unidad divina que todos formamos. Es un mantra de bendición universal para traer paz y armonía a nuestra vida y relaciones.
"SARVEY SHAAM MANGALAM BHAVATU
OM SARVEY SUKHINAHA
SARVEY SAATU NIRAAMAYAHA
SARVEY BHADRAANI PASHYANTA
MA KASHCHIT DUKBHAAK BHAVET"

En español: Om pueda todo el mundo tener salud
Pueda todo el mundo tener paz
Pueda todo el mundo conseguir la perfección
Pueda todo el mundo ser bendecido

Om pueda todo el mundo ser feliz

Om pueda todo el mundo gozar de salud

Pueda todo el mundo conocer lo auspicioso

Om sea todo paz, sea todo paz, sea todo paz.

Puedes decir los mantras en español si sientes por dentro que son demasiados extraños en estos idiomas, lo importante es que lo divino capte tu intención pura.

16.-MANTRA PARA UNA VIDA EN PAZ. Mantra de unión universal con todo a través de la bendición para una vida en armonía con todo y todos.

"SARVE SHAAM SVAASTIR BHAVATU
SARVESHAAM SHAANTIR BHAVATU
SARVESHAAM POORNAM BHAVATU
SARVESHAAM MANGALAM BHAVATU
OM SHANTI, SHANTI, SHANTI."

EL MANTRA DE LOS MANTRAS

He reservado para el final de este capitulo, el que para mi, y repito, para mi, es el mantra mas poderoso y del cual he hablado innumerables veces en mis libros, conferencias y entrevistas de radio, **NAMAS SADDARMA PUNDARIKA SUTRA,** del que hoy me extenderé, al entender, repito, por mi propia experiencia y las de cientos de pacientes y amigos, que es necesario hacerlo.

NAMAS SADDARMA PUNDARIKA SUTRA
NAMAS SADDARMA PUNDARIKA SUTRA

El significado aproximado de este poderoso mantra seria: "Consagración a la flor blanca del loto del tratado de la vía maravillosa". La repetición de este mantra nos conecta con la fuerza universal y actúa de forma potente en la limpieza del subconsciente. Es una síntesis capaz de liberar incalculables cantidades de energía que son capaces de transformar todo lo negativo que hay en nuestras vidas, por lo que pronunciar estas palabras cambia todo nuestro entorno vital.

Se dice que estas palabras ya vienen emponderadas por el propio Buda, lo que significa que tienen potencia máxima ya desde su mismo origen, siendo creaciones espirituales con el poder de transformar materia en realidad... dicen los budistas "establecer el Paraíso en la Tierra". Los que lo practican hablan de auténticas transformaciones a nivel interno y externo, de giros completos que llevan a solucionar problemas importantes. Se diría que tiene la bondad de mutar las energías para resolver conflictos.Se trata de repetir el mayor número de veces al día esas palabras, de forma continua y más de 13 veces por minuto, mejor en voz alta pues tiene mayor poder. La forma correcta de pronunciar el mantra es:

Namas sad-darma pundarika sutra

La vida es una
escuela, donde aprenderás
a recordar lo que tu alma
ya sabe...

Por lo que la palabra saddaharma se pronuncia como dos, con una ligera pausa en la mitad. El ritmo lo pones tu, y puedes adaptarlo a la música que estés escuchando al meditar o simplemente hacerlo durante el día, cada vez que te acuerdes y siempre, al menos, esas 13 veces por minuto. La constancia, como en cualquier otra disciplina, aporta resultados y los efectos son impresionantes. Tiene el poder de transmutar incluso el Karma, es decir, esa herencia de vidas pasadas y que en este mismo momento y cada día de nuestra vida actual, estamos intentado superar.

FUNCIONAMIENTO DE NSPS

El mecanismo de NSPS funciona por acciones:

EXPLOSIÓN

Cada repetición libera grandes cantidades de energía, y los más sensibles o sensitivos notan rápidamente los efectos de estas ondas energéticas, se sienten más felices. Los efectos de esta Purificación son:

Se irá desterrando la basura inconsciente de esta vida y de otras pasadas, capa tras capa, incluso aquello más oculto. Esto lleva consigo que aparezcan ciertos malestares:

*A nivel emocional o psicológico puede reaparecer ciertos conflictos no resueltos como: odios, tristezas, recuerdos, traumas.. etc...

A nivel físico se pueden dar malestares varios como: insomnio, dolores de cabeza, mareos, síntomas febriles, catarros, punzadas... etc..

Con la práctica nos acercaremos más y más a la raíz de los problemas que llevan tiempo anclados muy dentro, por lo que es normal que revolver todo esto nos cause cierto malestar ya que limpiar la basura inconsciente tiene este efecto secundario. Es en este punto donde mucha gente se asusta y para de repetir el mantra **NSPS**, por lo que todo lo que estaba aflorando vuelve a su sitio, es decir... se vuelve a enterrar.

REACCION

Es cuando llega un momento en que lo negativo se va diluyendo y empezamos a darnos cuenta de que el logro está próximo. Aquí empiezan a darse las claras mejorías, los beneficios aparecen y te sientes mucho más fuerte para lidiar con tus demonios internos. Tus síntomas emocionales pueden ser mucho más visibles para ti, puede que sientas que los tienes como en una pantalla de televisión, puedes verlos desde fuera y ser mucho más consciente de ellos.

TRANSMUTACION

Aquí es donde comienza la transformación. Te sientes diferente, mejor persona, más poderoso pues conectas con tus fuerzas internas, tu energía vital. El dolor se aleja poco a poco y aparece la alegría, la liberación. Esto es porque lo negativo pierde potencia, se debilita, y sientes que vas ganando la batalla. Alivio y satisfacción.

¡REPETIR EL MANTRA 13 VECES POR MINUTO!

¡REPETIR EL MANTRA 13 VECES POR MINUTO!

DESAPEGO

Tomas distancia porque se están rompiendo las cadenas que te mantenían parado en la negatividad. El triunfo en este estadio sería sentirse ajeno a lo éramos, y la imagen de todo aquello se torna ahora lejana, se relativiza y esa distancia nos otorga mayor poder todavía.

AUTO-INICIACIÓN

Esta sería la parte más importante de todo el proceso ya que ahora tienes la llave de la liberación y sus múltiples beneficios. Se ha activado algo dentro de ti que tendrá efectos acumulativos en el tiempo, irá haciéndose más claro y mayor con el paso de los días.

PROTECCION

Todo lo recorrido te aporta protección en adelante. Ahora, y tras esta enorme transformación interna, estás conectado y sientes una barrera invisible que te protegerá en el futuro de tus propios errores y del mundo.

EL KARMA

La fuerza que tiene este mantra (NSPS) es tan rotunda que conecta presente, pasado y futuro. Esto quiere decir que se superan traumas anteriores, conflictos amarrados de otras vidas.

Ahora eres distinto, has entrado en una nueva corriente de vida al trascender el Karma y los acontecimientos cambian, ocurren cosas mágicas en tu vida ya que no arrastras memorias anteriores. Esta victoria kármica tendrá su repercusión en todas las relaciones que tengas en adelante porque no solamente te afectará a tu sino a todo el Universo con el que tengas relación.

Tu vida cambia por completo porque has limpiado tu presente y también tu pasado. Así, querido lector, y para acabar con el capitulo de los mantras, debes tener consciencia, llegado a este punto avanzado del libro, que los mantras y códigos sagrados son poderosos lenguajes, los cuales bien "hablados", pueden provocar cambios internos, que aun ni puedas imaginar...

CAPITULO 5- MI PLAN DE 33 DIAS

Querido amigo, este es el ultimo capitulo, y por tanto el clave, el cual te enseñará un plan o método ideado por mi y basado en mi experiencia personal, que tendrá como fin **transformar tu vida**, o la menos hacer que ocurran cambios tan significativos que sean el comienzo de tu nueva vida.

Pero te seré franco, no pretendas cambiar nada, solo usando unos mantras y unos códigos sagrados, ya que si crees que solo con esto es suficiente es que, lamentablemente **no has entendido nada** de lo que en las muchas paginas he tratado de explicarte. Los mantras y los códigos son dos buenas y maravillosas herramientas, pero al igual que un coche, por muy bueno y potente que sea, no andará si no tiene un buen conductor adiestrado, igualmente los códigos y mantras poco harán si antes no tienes en cuenta lo siguiente:

Primero: debes ser consciente de que eres un ser espiritual que vive en un cuerpo de forma temporal, no un cuerpo que tiene un ser espiritual.

Segundo: que la energía, o Ki, llega desde **EL TODO**, desde el Universo, todo el tiempo y lo impregna todo.

En tu caso, penetra por tu chakra corona, y pasa por los demás seis chakras.

100

Si tus chakras no están en linea, y ademas si tu casa o negocio no cumple las normas de Feng Shui, habrá desequilibrios y bloqueos en todos los aspectos.

Tercero: debes entender que **tu tienes una misión**, y que hasta que no empieces a trabajar en tu misión, solo estarás sobreviviendo, no viviendo, en el sentido mas profundo y espiritual de la palabra. Bien, aclarados estos puntos importantísimos, proseguimos. Voy a proponerte un plan de treinta y tres (33) días, en el cual el fin será que utilizando mantras y códigos sagrados transformes tu vida. Pero antes de empezar este plan hay algo que debes hacer. Tu cuerpo, aunque seas vegetariano vegano puro, y aunque te cuides al máximo, genera a lo largo de los años toxinas, las cuales suelen acabar provocando **"malas conexiones"**, o deficientes sinapsis neuronales. La neurona, la célula nerviosa, requiere de sangre pura y oxigenada para poder producir neurotransmisores, osea, alimentos para que esas conexiones sean optimas.

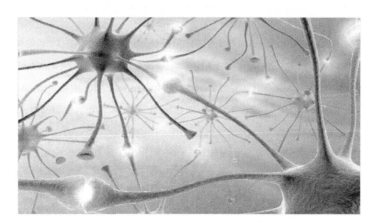

Entre esos neurotransmisores, los mas importantes a destacar son la dopamina y la serotonina. Para que puedas tener una claridad mental adecuada y hacer este trabajo tan profundo de treinta y tres días, necesitas estar en semi-ayuno, tomando solo sirope de savia de arce, de lo cual paso a explicarte ahora con detalle.

CURA PREVIA A LOS 33 DIAS

Antes de proseguir he de advertir que todo aquel que sufra de enfermedades crónicas como diabetes, problemas renales, diabetes, o similares, **no hagan la cura de semi-ayuno de savia de arce sin haber consultado previamente con su medico o especialista.**

CURA DE SIROPE DE SAVIA DE ARCE

La necesidad de someter al cuerpo a una desintoxicación cada cierto tiempo es algo que recogen todas las culturas y religiones; y es que el ayuno, ha sido considerado siempre fuente de armonía y ayuda para mantener la salud y prevenir enfermedades. Hoy día sabemos que esa tradición tenía como fin permitir al organismo liberarse de sus toxinas suprimiendo todo alimento, y dedicar así toda su energía a depurarse por dentro.

De ahí, que el ayuno fuera elemento imprescindible para conservar una buena salud y se llegara a recomendar seguirlo hasta durante cuarenta días. Un ayuno total ingiriendo sólo agua, desintoxica el organismo, pero se corre el riesgo de dejarlo durante ese tiempo sin algunos nutrientes imprescindibles para la vida.

Es decir, el beneficio del ayuno se puede ver contrarrestado por los posibles perjuicios. Hace años, el naturópata Hawaiano Stanley Burroughs propuso una alternativa al ayuno tradicional: la cura con sirope de savia y limón.

La cura de savia y limón de Stanley Burroughs para depurar y desintoxicar el organismo, consiste en ayunar entre siete y diez días ingiriendo únicamente una mezcla de sirope de savia, zumo de limón, una pizca de cayena y agua; pudiendo tomar además infusiones depurativas.

La cura de savia y limón acostumbraba a hacerse antes con sirope de arce. Sin embargo, se ha descubierto que el contenido en minerales del sirope de arce está sujeto a variaciones dependiendo del lugar donde se cultiva y del clima. Puesto que la cura de savia y limón exige un alto y equilibrado contenido en minerales, hubo que buscar una alternativa. Para ello se ha mezclado el sirope de arce con el sirope de palma, dando lugar al sirope de savia, que responde a las exigencias de la cura.

El autentico sirope de savia esta compuesto por la savia de arce C+ de cultivo biológico certificado y la savia de palma, obtenida de palmas crecidas en plena selva tropical. Savia de Arce C+ La savia de arce C+ proviene de los bosques de arce del Norte de América, donde los indios ya conocían el arte de extraer de este árbol su dulce savia y preparar con ella un sirope. Para la cura se utiliza únicamente el sirope de arce C+ que aporta al cuerpo muchas más sales minerales y oligoelementos que el sirope de arce grado A, el más corriente. Cada mañana, entre Marzo y Abril, durante cuatro semanas se recoge la savia mediante cubos colgados de los árboles. Para conseguir un litro de sirope concentrado se precisan entre cuarenta y cincuenta litros de savia. Los arces deben tener un mínimo de cuarenta años de edad antes de que se pueda cortar la corteza y recoger la savia, de otro modo, se dañaría el árbol. En el sirope de arce se distinguen tres categorías, que se pueden reconocer por su color. Se denominan grado A, B y C.
-El grado A se obtiene de la primera fase de la cosecha. Tiene más azúcares y menos sales minerales. Su color es ámbar claro.
-El grado B tiene una calidad intermedia entre el A y el C.

El grado C se obtiene de la última fase de la cosecha. Es el grado de calidad superior, no es tan abundante en cantidad y resulta menos dulce que el A, pero tiene un nivel de sales minerales superior al A, aportando un alto nivel de calcio, zinc, hierro y manganeso. Tiene un color oscuro.

SAVIA DE PALMA

Así como en los bosques del Norte de América hay un solo tipo de arce que produce esta savia, también en el trópico hay una sola clase de palma de cuya savia se obtiene este sirope, el sirope de palma. Esta savia se obtiene cortando la punta de la palma cuando ésta comienza a estar en flor. La savia cae gota a gota y se recoge en un recipiente de bambú. Luego, la savia se cuece hasta que se espesa y toma una cierta consistencia. El sirope de palma contiene la cantidad de sodio y potasio necesarios para el funcionamiento de las células y la desintoxicación del organismo.

Mezclando en la proporción correcta el sirope de arce y el sirope de palma, se obtiene el sirope de savia, muy rico en oligoelementos y otros nutrientes, que garantizan el éxito de la cura, al suministrar junto al zumo de limón, lo necesario para el buen funcionamiento del organismo durante los días de la depuración. Para garantizar el éxito de la cura es muy importante utilizar el sirope auténtico, que no contiene ni conservantes ni colorantes ni aditivos químicos, y rechazar imitaciones.

EL ZUMO DE LIMON

Los dos ingredientes principales de la cura de savia y limón son el sirope de savia y el zumo de limón fresco. El limón es fuente de minerales y vitaminas. Sus beneficios son conocidos desde hace muchos años. Es preventivo de enfermedades y un antibiótico natural.

Es rico en vitamina C, ya que ésta constituye el 90% de lo que no es agua en un limón. La vitamina C es una vitamina indispensable para los huesos, los dientes, los cartílagos, los tejidos conjuntivos y los vasos sanguíneos; favorece la resistencia corporal a las infecciones y es preventiva de muchos problemas de salud.

El limón contiene también flavonoides, principalmente quercetina, que son también terapéutica mente interesantes que se encuentran en todo el fruto, pero especialmente en la piel blanca que hay entre la pulpa y la cáscara. Los bioflavonoides contribuyen a una buena salud cardiovascular .

Contiene también ácido cítrico que desempeña importantes funciones en el organismo, entre ellas la de favorecer la fijación del calcio. El ciclo del ácido cítrico o ciclo de Krebs constituye una cadena de reacciones bioquímicas muy importante, pues se trata de la vía fundamental para la degradación de la mayoría de los compuestos orgánicos y la obtención de las co-enzimas reductoras; es decir, para el catabolismo de las sustancias orgánicas, permitiendo la metabolización de las proteínas, los lípidos y los hidratos de carbono. El ácido cítrico ayuda a la eliminación de los depósitos de grasa en los tejidos; por eso, el limón es adelgazante.

LA CAYENA

La cayena es una pimienta necesaria en la cura de savia y zumo de limón porque disuelve flemas y ayuda a regenerar la sangre, lo que produce más calor en el cuerpo. Contiene vitaminas del complejo B que complementan el valor nutritivo del sirope de savia y el zumo de limón.

El agua El sirope de savia, zumo de limón y cayena se mezclan con agua para elaborar la bebida que se consume durante la cura. Lo ideal es usar agua pura, sin cloro ni contaminantes químicos. Si puede ser, debemos elegir agua de manantial o agua depurada.

FORMA DE REALIZAR LA CURA

A continuación se expone la forma de realizar la cura de savia y limón según las indicaciones del naturópata Stanley Burrougs. La cura es buena para desintoxicar el organismo, pero no se trata de un medicamento ni de una forma de alimentación, sino de una cura a base de zumo de limón y sirope de savia durante un tiempo limitado, que proporciona al cuerpo la posibilidad de recuperarse y liberarse de grasas y toxínas.

Cualquier persona que vaya a realizar la cura debe informarse bien antes de comenzar, y pedir consejo a su médico o naturópata para saber si es adecuada para él o ella.

INGREDIENTES Y PREPARACIÓN

La mezcla contiene, de forma equilibrada, la mayor parte de las vitaminas, minerales (potasio, sodio, calcio, magnesio, zinc, manganeso y hierro), enzimas y demás oligoelementos que el organismo necesita. Las grasas, se sacarán de los depósitos acumulados en el cuerpo, quemándolos.

Los hidratos de carbono del sirope de savia son naturales porque no contiene azúcar artificial alguno. Por otra parte, el limón, fuente de minerales y vitaminas, especialmente de la C, es un antioxidante natural que ayuda en la eliminación de los depósitos grasos y mejora la actividad del metabolismo.

Preparación de un vaso grande:

•Dos cucharadas soperas de zumo de limón fresco.
•Dos cucharadas soperas de Sirope de Savia.
•Una pizca de pimienta de Cayena en polvo.
Estos ingredientes se mezclan en un vaso con agua tibia o fría.
• Mezclar bien los ingredientes con una cuchara.

PREPARACION PARA UN LITRO Y MEDIO

•Zumo de cinco limones frescos.
•Dieciséis cucharadas de Sirope de Savia.
•La puntita de una cucharrilla de Cayena en polvo.
•Estos ingredientes se mezclan en una botella de litro y medio con agua tibia o fría   .
• Agitar la botella para mezclar bien los ingredientes.

EL AYUNO COMPLETO

La cura auténtica está basada en la milenaria terapia del ayuno. Ayunar significa vivir por un tiempo determinado de las propias reservas. Mientras se realiza la cura, el cuerpo aprovecha para deshacerse de los detritus, de la toxicidad y de las grasas superfluas que se han acumulado en el organismo progresivamente, permitiendo a los órganos regenerarse y reactivar su funcionamiento.

La desintoxicación potencia nuestras facultades mentales, la concentración y mejora la memoria.   .

La cura completa según Stanley Burrougs dura de siete a diez días, en los cuales se debe ingerir el preparado de sirope de savia de palma y arce. En cada jornada se tomarán de ocho a diez vasos grandes del preparado, uno cada dos horas aproximadamente. Se puede completar con infusiones, zumos naturales o yogures.
Después de la cura hay que realizar una transición alimentaria correcta de dos a tres días con zumos de fruta, caldos vegetales, etc.
A continuación se recomienda aprovechar todo el efecto positivo de la cura de savia y limón y continuar sobre unas bases sanas de nutrición. Muy conveniente resulta además la cura reconstituyente de polen durante un mes, que provee al cuerpo de todos los minerales y oligoelementos, y está muy indicado para complementar el ayuno con savia y limón.

EL SEMI-AYUNO

Cada noche, mientras dormimos, ayunamos, ya que no ingerimos alimentos y dejamos que el organismo se ocupe de sí mismo, que se regenere, purifique y recupere sus energías gastadas. Con el desayuno rompemos este proceso de recuperación y auto-limpieza del ayuno nocturno.

El propósito de semi-ayuno es el de prolongar este periodo de ayuno nocturno, sustituyendo el desayuno y/o cena por dos o tres vasos de sirope de savia, limón y agua, y así ofrecer al organismo mayor tiempo para su descanso y recuperación.

Para que el semi-ayuno sea más eficaz, convendría en lo posible suprimir durante esta cura los alimentos siguientes, que por su contenido en toxinas retrasarían la acción depurativa del semi-ayuno: sal, embutidos, carnes rojas, fritos, pan blanco, harinas refinadas, café, alcohol, bebidas carbónicas, lácteos, etc. Este semi-ayuno se recomienda como preparación para personas que quieran llevar a cabo la cura completa y para quienes no se sientan dispuestos o preparados para hacerla, pero quieren reducir su peso y mejorar su salud. Duración recomendada: diez dias.

AL TERMINAR LA CURA

Terminados los siete/diez días de cura, no empieces ya a comer de forma normal. Deje que su metabolismo se habitúe de nuevo poco a poco. Dos o tres días de transición pueden ser suficientes. Ejemplo para los tres primeros días:

Primer día:

• Desayuno: un vaso grande de sirope de savia y limón. Una pieza de fruta: manzana, naranja o pera.
• Media mañana: un vaso grande de zumo de naranja o piña.
• Mediodía: un vaso grande de sirope de savia y limón. Una pieza de fruta: manzana, naranja o pera.
• Merienda: un vaso grande de zumo de naranja, manzana o piña.
• Cena: un vaso grande de sirope de savia y limón.

Segundo día:

• Desayuno: un vaso grande de zumo de naranja, manzana o piña. Dos piezas de fruta: manzana o plátano.
• Media mañana: una pieza de fruta: manzana, pera, naranja o mandarina.
• Mediodía: un vaso grande de sirope de savia, caldo de verduras y fruta.
• Merienda: un vaso grande de zumo de naranja, mandarina, manzana o piña.

• Cena: una ensalada de frutas y un vaso grande de sirope de savia y limón.

Tercer día:

•Desayuno: una rebanada de pan integral y una naranja.
•Media mañana: un vaso grande de zumo de naranja, mandarina, manzana o piña.
•Mediodía: un caldo de verduras frescas.
*Merienda: un vaso grande de zumo de naranja, mandarina, manzana o piña   .
• Cena: un caldo de verduras frescas con arroz integral.

A partir del tercer día se pueden incorporar poco a poco nuevos alimentos, pero procure no ingerir en los tres días siguientes a la fase de transición alimentos como carne, pescado graso, embutidos, queso (salvo queso fresco), pan blanco, bollería, leche, café y alcohol. A partir del cuarto día, empiece a comer normalmente; eso sí, de forma equilibrada y atendiendo las normas de una dieta correcta. Siempre es mejor optar por alimentos biológicos e integrales.

CONSEJOS

• Es muy importante evacuar diariamente durante la cura.
• Es necesario ingerir mucho líquido durante la cura.
• El olor corporal puede acentuarse durante la realización del ayuno o semi-ayuno.
• Si hay sensación de hambre, se puede aumentar el numero de tomas.

• **No deben tomar este producto diabéticos, personas que se encuentren en depresión y mujeres embarazada.**

• Durante los primeros días del ayuno se pueden presentar ocasionalmente algún malestar debido a la expulsión de toxinas.

*Tomar sirope de arce autentico y si es posible ecológico.

Querido lector, una vez que hayas realizado la cura de sirope de savia de arce o de palma, tu cuerpo estará desintoxicado y limpio. Pero lo mas importante, y motivo de mi petición para que hagas esta cura, tu mente estará con una agilidad y claridad imponente, cosa ésta necesaria para hacer el plan de treinta y tres días. Si, necesitas el 100% de el potencial de tu cerebro para poder centrar todo el trabajo que harás en esos treinta y tres días.

Empecemos. Lo primero, debes hacer un día entero, o los que necesites, de meditación profunda. Puedes utilizar el mantra OM para lograrlo. Pasado ese tiempo repasa todos los mantras y códigos sagrados de este libro, y medita cuales son tus prioridades reales o mas urgentes. Selecciona uno o mas mantras y uno o mas códigos sagrados.

Cada día, al levantarte, o antes de acostarte, primero equilibra tus siete chakras, haz unos minutos de Taichi, enciende una vela y un incienso y siéntate delante de la vela y cierra los ojos.

Coge mucho aire, todo el que puedas, y empieza a recitar durante 108 veces un mantra de los que has elegido. Y si has elegido mas mantras, haz lo mismo con cada uno. Después guarda unos minutos de calma, respira todo el tiempo profundamente, y recita cuarenta y cinco veces el código sagrado que hayas elegido. Repite lo mismo si has elegido mas códigos sagrados.

Te recomiendo que te hagas con un collar de cuentas, o que pongas en un recipiente de cristal 108 garbanzo o legumbres y que los lleves a un recipiente vacío, y que tengas otro con 45 garbanzos o legumbres para los códigos sagrados.

Durante treinta y tres días debes hacer esto, **sin faltar un solo día.** Si por cualquier motivo a mitad del plan debes dejarlo y deseas retomarlo, deberás **empezar desde cero.**

Durante el tiempo que dure el plan, seguro tendrás sueños, inspiraciones, ideas, etc, todo ello es fruto del trabajo que estás haciendo.

También es posible que haya malestar, dolores de cabeza, mareos, angustia...es normal, son síntomas de que todo se está removiendo, que lo malo está saliendo. Guarda calma, en días pasará, no le des mayor importancia.

Pasados los treinta y tres días y después puede que ocurran muchas cosas. Puede que todo aquello que te turbaba, de repente se solucione, o puede que empieces a tener una claridad mental sobre esos asuntos y a entender porque están en tu vida.

Sea como sea, lo cierto es que ocurrirá lo que tenga que ocurrir, y por ello te ruego que tengas calma, fe y la mente abierta.

TEST KINESEOLOGICO COMO AYUDA

Quizás al final de este libro te puede estar ocurriendo que no sabes de forma clara que código o códigos utilizar. Que no cunda el pánico, aquí te traigo una ayuda maravillosa, que de seguro de dejará con la boca abierta de asombro. Me estoy refiriendo al test muscular kineseologico, el cual llevo mas de veinte años empleando en mis consultas, tanto para averiguar si los chakras de los pacientes están alineados, para averiguar que homeopatico o flor de Bach necesitan, o para saber si el paciente miente, entre otras muchas utilidades. Siempre que en mis conferencias he pedido un voluntario del publico para demostrar la eficacia de este test, siempre todos quedan perplejos, como se que tu también quedarás, querido amigo, una vez que te explique esta sencilla, pero poderosa técnica. Antes de nada, deberás buscarte una persona que te ayude.

QUE ES LA KINESEOLOGIA

Querido lector, antes de explicarte esta sencilla manera de averiguar tus códigos o mantras, permiteme que te explique un poco sobre esta maravillosa herramienta.

La Kinesiología Holística es un método de diagnóstico que utiliza un reflejo corporal para determinar la relación del organismo vivo ante diferentes estímulos.

Esto nos permite testar en el paciente los planos estructural, químico, psíquico y energético, identificando los bloqueos que en ellos se están produciendo y así poderlos corregir con el tratamiento adecuado. **Kinesiología**: Según la etimología griega, significa **"kinesis"**: relativo al movimiento. **Logos**: tratado, estudio de. **Holística** :Del griego "holos": todo.

HISTORIA

El Dr. George Goodheart fue el primero en describir, en 1964, la relación entre órgano, meridiano y músculo y su aplicación terapéutica. Lo llamó Kinesiología Aplicada.

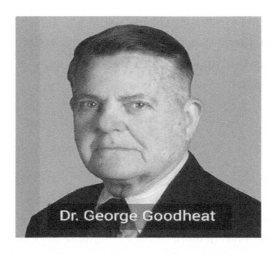

Raphael Van Assche, en la década de los ochenta crea la Kinesiología Holística. Incorpora a la Kinesiología el Arm Reflex (A.R.).

Describe la técnica de test con los Mudras. Fundador de las Escuelas de Kinesiología en España, Austria y Alemania.

Test Kinesiológico

Los reflejos corporales utilizados habitualmente en Kinesiología Holística para realizar los test son:

EL TEST MUSCULAR

Músculo fuerte – músculo débil. Estos reflejos permiten establecer un "diálogo de diagnóstico" entre el paciente y el terapeuta.

MUDRAS

Los Mudras son posiciones de las manos que nos permiten testar de una manera rápida y eficaz el estado de los diferentes sistemas corporales:

Estructura, química, psique, energético, músculo, ligamento...etc.

En el Protocolo interdisciplinario integrado, los terapeutas utilizamos la kinesiología holística para complementar el test de la plataforma Lizard y así interrelacionar los problemas posturales encontrados con patologías a distancia en los planos psíquicos, químicos o energéticos.

Querido amigo, ahora que ya tienes una idea clara de que es la Kinesologia, pasemos a describir uno de los muchos test musculares, el mas sencillo, pero rápido y eficaz, en este caso para averiguar que código sagrado o mantra necesita realmente tu Divinidad.

Primero, escribe en un papel todos aquellos códigos y mantras que creas que puedan servirte. Después, sientante en una silla, pon en tu mano izquierda uno de los papeles doblado, y lleva tu mano al chakra del plexo solar, (diafragma). Levanta tu brazo derecho haciendo un angulo agudo, es decir, ligeramente levantado de la altura de tus hombros, y con la palma de tu mano hacia arriba. Pide a tu ayudante que trate de bajar tu brazo. Si el brazo pone resistencia, indicará que ese código o mantra es el adecuado.

En cambio si el brazo se vuelve débil y tu ayudante consigue bajarlo, indicará que ese código o mantra no es el correcto. Trata de poner tantos códigos o mantras puedas, para tener mas claro cuales son los que realmente necesitarás.

Bien, pero si con este test kineseologico no quedas satisfecho, o por varios motivos no tienes un ayudante para realizarlo, otra ayuda para saber que códigos o mantras necesitas es el péndulo, la radiestesia. Pero antes de describirte como actuar, déjame que te hable un poco sobre la radiestesia.

123

QUE ES LA RADIESTESIA

La radiestesia o rabdomancia es una actividad pseudocientífica que se basa en la afirmación de que los estímulos eléctricos, electromagnéticos, magnetismos y radiaciones de un cuerpo emisor pueden ser percibidos y, en ocasiones, manejados por una persona por medio de artefactos sencillos mantenidos en suspensión inestable como un péndulo, varillas "L", o una horquilla, que supuestamente amplifican la capacidad de magneto-recepción del ser humano.Los primeros intentos de explicación científica se basaban en la noción de que las varillas del zahorí eran físicamente afectadas por emanaciones de las sustancias de interés. Por ejemplo, William Pryce.

En1986, la revista *Nature,* incluyó el zahorismo en una lista de "efectos que se presuponían paranormales, pero que pueden ser explicados por la ciencia".En concreto, el zahorismo puede ser explicado en términos de pistas sensoriales y conocimientos previos del zahorí, efectos de expectativas y probabilidad.

Los escépticos y algunos creyentes piensan que el instrumento usado por el zahorí no tiene energía propia, sino que amplifica pequeños movimientos inconscientes de las manos, efecto conocido como efecto ideomotor. Esto haría de la varilla un instrumento de expresión de conocimiento o percepción subconsciente del adivino.

Algunos autores afirman que el ser humano podría ser sensible a pequeños gradientes del campo magnético terrestre, aunque no hay evidencia sobre ello.

AYUDA DEL PENDULO

Bien querido lector, vamos a hacer uso de el péndulo para averiguar que mantras o códigos sagrados serán con los que deberás trabajar en mi plan de treinta y tres, (33) días. Para actuar, compra un péndulo de radiestesia, de los muchos que hay en el mercado, o si lo prefieres coge un cordel o cadena de unos quince,(15), centímetros, al cual le pondrás atado un objeto personal tuyo, como un anillo. Coge el cordel con dos dedos de una mano, pon el péndulo encima de la palma de tu otra mano extendida, con una separación de unos diez centímetros. En la palma de tu mano debe haber ya uno de los papelitos con el nombre del mantra o código sagrado que hayas elegido.

Ahora cierra los ojos, y pregunta: " Divinidad, dime con un **si** en círculos en dirección a las agujas del reloj, y un **no**, con movimiento en sentido contrario a las agujas del reloj, si este código/mantra es el adecuado para mi..."

Notarás como de forma precisa y sorprendente el péndulo te responde.

Querido amigo, llegamos ya al final. Espero y confío que este libro te haya ayudado a saber quien eres, y sobre todo, a que puedas conectarte con la fuente sagrada de donde viniste. Como has podido comprobar y siguiendo la linea de mis otros libros, éste ha sido corto, conciso, pues mi filosofía es y será que " las cosas maravillosas y grandes hay que entregarlas en cajas pequeñitas"...

Igualmente habrás comprobado que el mensaje de Zadkiel tampoco ha sido extenso, y sobre todo deseo y siento que hayas podido sentirlo, y sentir su llama violeta transmutadora. Si no has sentido anda al leer este libro, no te preocupes, quizás solo ocurra que necesitas mas tiempo. No corras, no hay prisa, tienes toda una eternidad para encontrarte...

Este libro es, y así espero lo entiendas, un mensaje, una respuesta a tus oraciones, y por tanto yo solo soy un "mensajero", un ayudante del Universo. Espero que este mensaje transforme tu vida, como la mía se transformó hace muchos años al recibir mis mensajes por medio de otros maestros y libros...

Te envío mi paz y amor. Namaste.

SOBRE ALBERTO LAJAS

Alberto Lajas Antunez, nació en Bilbao, España, el diez de Diciembre de 1964. Desde niño fué consciente de que en el había un poder interno, que no pudo comprender hasta muchos años después.

Se diplomó en naturopatia en Barcelona, en el Centro de enseñanzas naturales adscrito a la Federación Española de naturopatas, (F.E.N.A.C.O.). Lajas ha tratado durante unos veinte años a cientos de pacientes con ayuda de terapias naturales como la homeopatía, flores de Bach, Reiki, entre otras. Son muchas las conferencias, intervenciones radiofónicas y cursos que ha impartido, pero en lo que mas está centrado en los últimos años es en escribir libros de auto-ayuda y espiritualidad, los cuales se pueden encontrar en www.bubok.es, www.lulu.com y Amazon internacional.

Actualmente está preparando un proyecto,."Lajas Institute", para dar cursos tanto presenciales y online para fomentar el crecimiento personal y potenciar tu poder interno.

Www.lajasinstitute.wordpress.com

www.centrolajasinternacional.wordpress.com

¡¡COMPRA YA EL ULTIMO EXITO DE ALBERTO
LAJAS, "EL LIBRO SECRETO DE MERLIN"!!

ALBERTO LAJAS,
(ARHAYUDATH)
CODIGO SAGRADO DE
ZADKIEL:
AARR777333

Made in the USA
Coppell, TX
27 September 2022

83705006R00080